BEI GRIN MACHT SICH IHR WISSEN BEZAHLT

- Wir veröffentlichen Ihre Hausarbeit,
  Bachelor- und Masterarbeit

- Ihr eigenes eBook und Buch -
  weltweit in allen wichtigen Shops

- Verdienen Sie an jedem Verkauf

Jetzt bei www.GRIN.com hochladen
und kostenlos publizieren

Bibliografische Information der Deutschen Nationalbibliothek:

Die Deutsche Bibliothek verzeichnet diese Publikation in der Deutschen National-
bibliografie; detaillierte bibliografische Daten sind im Internet über http://dnb.d-
nb.de/ abrufbar.

Dieses Werk sowie alle darin enthaltenen einzelnen Beiträge und Abbildungen
sind urheberrechtlich geschützt. Jede Verwertung, die nicht ausdrücklich vom
Urheberrechtsschutz zugelassen ist, bedarf der vorherigen Zustimmung des Verla-
ges. Das gilt insbesondere für Vervielfältigungen, Bearbeitungen, Übersetzungen,
Mikroverfilmungen, Auswertungen durch Datenbanken und für die Einspeicherung
und Verarbeitung in elektronische Systeme. Alle Rechte, auch die des auszugsweisen
Nachdrucks, der fotomechanischen Wiedergabe (einschließlich Mikrokopie) sowie
der Auswertung durch Datenbanken oder ähnliche Einrichtungen, vorbehalten.

Impressum:

Copyright © 2001 GRIN Verlag, Open Publishing GmbH
Druck und Bindung: Books on Demand GmbH, Norderstedt Germany
ISBN: 9783668351202

Dieses Buch bei GRIN:

http://www.grin.com/de/e-book/122865/cyber-geld-als-alternative-evaluierung-
konsequenzen-und-fortentwicklung

Robert Pomes

"Cyber-Geld" als Alternative? Evaluierung, Konsequenzen und Fortentwicklung

GRIN Verlag

GRIN - Your knowledge has value

Der GRIN Verlag publiziert seit 1998 wissenschaftliche Arbeiten von Studenten, Hochschullehrern und anderen Akademikern als eBook und gedrucktes Buch. Die Verlagswebsite www.grin.com ist die ideale Plattform zur Veröffentlichung von Hausarbeiten, Abschlussarbeiten, wissenschaftlichen Aufsätzen, Dissertationen und Fachbüchern.

Besuchen Sie uns im Internet:

http://www.grin.com/

http://www.facebook.com/grincom

http://www.twitter.com/grin_com

Universität Hannover

Fachbereich Wirtschaftswissenschaften Institut

für Wirtschaftsinformatik

Hausarbeit im Rahmen des Seminars „Electronic Commerce"
zum Thema

„Cyber-Geld"

Verfasser: Robert André Pomes

Inhaltsverzeichnis

Abbildungsverzeichnis

1 Konstitutive Merkmale und einleitende Enumeration elektronischer Zahlungssysteme

Gegenwärtige Zahlungsmöglichkeiten im Internet reichen von Zahlungen per Nachnahme oder auf Rechnung über Online-Zahlungen via Kredit- und Chipkarten bis zu Zahlungen mit gänzlich entmaterialisiertem „künstlichem Geld",[1] wobei sich die hochgesteckten Erwartungen an den „Cyberspace"[2] als elektronischen Marktplatz derzeit überwiegend auf die Nutzung des neuen Mediums als Werbeträger beschränken.[3] Prognosen besagen jedoch, daß es zu einem rapiden Wachstum des Electronic Commerce in den nächsten Jahren kommen wird,[4] weil im virtuellen Markt Raum und Zeit eine untergeordnete Rolle spielen, Geschäfte globaler und

(1)	Hohe Transaktionskosten
(2)	Bargeld als zinsloses Zahlungsmittel
(3)	Umständliches Handling
(4)	Mangelnde Transaktionsgeschwindigkeit
(5)	Fehlende Anonymität bei Kreditkarten
(6)	Wachsende Herstellungskosten
(7)	Mangelnde Sicherheit
(8)	Fehlende Flexibilität

Abbildung 1: Nachteile herkömmlicher Zahlungsmittel wie Bargeld, Schecks, Kredit- oder Bankomatkarten Quelle: Vgl. Kristoferitsch (1998), S. 36-38

---

[1] Vgl. Lukas (1997), S. 137 u. S. 20; Sietmann (1997), S. VI;

[2] Gibson prägte die Bezeichnung für ein futuristisches Kommunikationsnetz, in das sich Menschen direkt mit dem Gehirn wie mit einem Computer einloggen. Hier steht es als synonym für die Computer-Vernetzung oder das Internet, wobei sich die Vorsilbe Cyber aus dem griechischen Kyber (Steuermann) herleitet. Vgl. Sietmann (1997), S. 175-176

[3] Vgl. Brutscher (1998), S. 227; Sietmann (1997), S. V

[4] Vgl. Schuster/Färber/Eberl (1997), S. 87

Transaktionen vielfältiger werden.[5] Dies wird lediglich durch das asymmetrische Verhältnis zwischen Bestellung und Bezahlung konventioneller Zahlungssysteme gehemmt,[6] dessen Nachteile in Abbildung 1 dargestellt sind.[7] Infolgedessen ist es aus dem betriebswirtschaftlichen Kontext heraus das Ziel elektronischer Zahlungssysteme „...eine rasche, überprüfbare Zahlung zwischen Kunden und Händler bereitzustellen...“[8], d.h. um Transaktionen organisatorisch und betriebswirtschaftlich effizient abzuwickeln bedarf es als Schlüsselfunktion einer unmittelbaren Abrechnung.[9] Nachfrageorientiert sollte dem kundenspezifischen Postulat nach der Übertragung der Bequemlichkeit und Spontaneität eines Barkaufs in das Teleshopping folge geleistet werden.[10] Dabei sollte im Mittelpunkt der Betrachtung der Aufbau einer wechselseitigen Vertrauensbeziehung stehen,

---

[5]   Vgl. Krause (1998), Teil 7, S. 1; „Entfernungen und Standorte werden relativiert, nationale Grenzen aufgehoben. Auf den neuen digitalen Märkten wird global ‚Information' gehandelt. Über elektronische Vertriebswege werden Daten und Wissen angeboten. Für Waren und Dienstleistungen eröffnen sich neue Absatzwege. Die Online-Kommunikation befreit von örtlichen Bindungen.“ Kloten (1997), S. V

[6]   Dies drückt sich in folgendem Satz aus: „Wer Multimedia-Produkte über das Netz beziehen will, hat Schwierigkeiten, sie auf dem gleichen Wege zu bezahlen.“ Sietmann (1997), S. V; Damit begründet Brutscher die „...Forderung nach einer möglichst vollständigen Integration des Bezahlungsvorgangs in den Kaufprozeß...“ Brutscher (1998), S. 227

[7]   Jedoch können mehr als 95% der Bestellungen in Online-Shops nur auf traditionelle Weise per Rechnung, Nachnahme, Kreditkarte, Vorkasse oder Lastschrift beglichen werden. Nur bei weniger als 5% der Online-Shops können Kunden bereits ihre Rechnung über ein elektronisches Zahlungssystem direkt begleichen. Vgl. Köhler/Best (1998), S. 40; Liedke (1998), Teil 6.1.8, S. 2

[8]   Stolpmann (1997), S. 127

[9]   Vgl. Köhler/Best (1998), S. 40

[10]   Vgl. Sietmann (1997), S. 16

welche nicht dem Geschäftszweck durch die entstehenden Transaktionskosten, die Komplexität der Einrichtung oder die Einschränkung auf die Zielgruppe entgegensteht.[11] Elektronischer Handel steckt noch in den Anfängen, jedoch existieren verschiedene Systeme für den elektronischen Zahlungsverkehr die „…sowohl in ihrem Konzept als auch in ihrem intendierten Einsatz zum Teil gravierend…"[12] differieren.

Abbildung 2 zeigt eine mögliche Klassifikation elektronischer Zahlungssysteme, an die Wrightson und Furche generelle Anforderungen zur Differenzierung der situationalen Zieladäquanz binden, wie: (1) Systemsicherheit, (2) Transaktionskosten, (3) Datenschutz und Anonymität für den Benutzer, (4) Rückverfolgbarkeit von Zahlungen, (5) Online-Überprüfungsbedarf, (6) Akzeptanzfähigkeit und (7) Übertragbarkeit.[13] Schuster, Färber und Eberl führen als weitere geforderte Systemeigenschaft elektronischer Zahlungssysteme noch die (8) Skalierbarkeit und (9) Bedienbarkeit auf.[14]

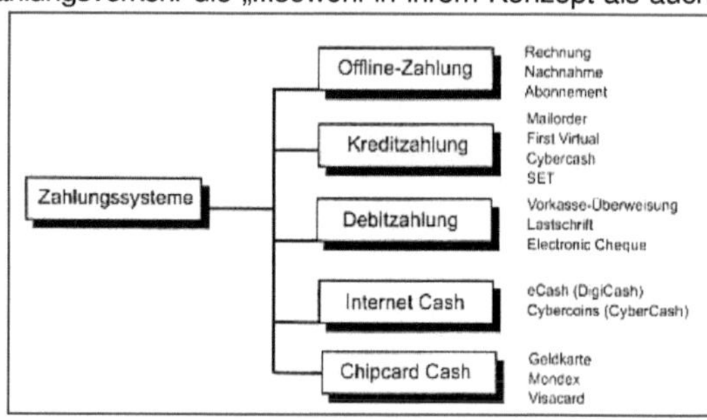

Abbildung 2: Klassifikation von Zahlungssystemen
Quelle: In Anlehnung an Stolpmann (1997), S. 49

---

[11]   Vgl. Krause (1998), Teil 7, S. 1

[12]   Stolpmann (1997), S. 12

[13]   Vgl. Furche/Wrightson (1997), S. 7

[14]   Vgl. Schuster/Färber/Eberl (1997), S. 35

In der derzeitigen Literatur ist eine übereinstimmende Kategorisierung elektronischer Zahlungssysteme nicht gegeben.[15] Im folgenden werde ich mich für die grundlegende und bezüglich der zu bearbeitenden Thematik zweckmäßigen Klassifikation nach Stolpmann richten, d.h. (I) Account-basierte sowie (II) Münz-basierte Verfahren voneinander abgrenzen und mich anschließend explizit dem „Cybergeld" zuwenden.[16]

Die (I) Account-basierten Verfahren belasten beim Zahlungsvorgang das kundeneigene Bankkonto, die Kreditkarte oder einen speziellen Account des Kunden.[17] Hierzu können beispielsweise Systeme wie (1) Netcheque, (2) First Virtual, (3) Open Market, (4) Cyber Cash, (5) SET[18], (6) EDIFACT oder (7) Millicent gezählt werden. Das System (1) Netcheque, welches an der University of Southern California entwickelt wurde, bietet ein Konzept für eine leistungsfähige Zahlungs- und Infrastruktur,[19] indem das vom Verrechnungsscheck bekannte Prinzip auf die elektronischen Zahlungssysteme übertragen wird.[20] Eine recht erfolgreiche, in ihrer Handhabung einfache,

---

[15] Differenzen bei der Kategorisierung vergleiche Kristoferitsch (1998), S. 125-127; Schuster/Färber/Eberl (1997), S. 31-34; Köhler/Best (1998), S. 47-48; Stolpmann (1997), S. 53-54

[16] Vgl. Stolpmann (1997), S. 53-54

[17] Somit kann eine Differenzierung nach Kredit-basierten (Zahlung per Kreditkarte), Einzugs-basierten (Lastschrifteinzugsverfahren) oder Guthaben-basierten (Kundenaccount muß notwendige Deckung aufweisen) Verfahren vorgenommen werden, wobei alle Account-basierten Verfahren einen völlig anonymen Zahlungsvorgang ausschließen. Vgl. Stolpmann (1997), S. 53

[18] Die Abkürzung steht für „Secure Electronic Transaction". Vgl. bspw. Sietmann (1997), S. 103

[19] Vgl. Schuster/Färber/Eberl (1997), S. 55

[20] Vgl. Stolpmann (1997), S. 60; Schuster/Färber/Eberl (1997), S. 55

schnelle und leicht zu bedienende kreditkartenbasierte Zahlungseinrichtung bietet (2) First Virtual an.[21] Das System ist speziell für den Kauf bzw. Verkauf von Informationen ausgelegt und übernimmt eine Mittlerfunktion zwischen den Marktpartnern; wobei auf jegliche kryptographische Schutzmechanismen verzichtet worden ist.[22] Auf dem gleichen Prinzip ist (3) Open Market aufgebaut, dabei ist das System zusätzlich mit kryptographischen Verschlüsselungs- und Autorisierungsverfahren verbessert worden.[23] (4) Cyber Cash bietet das meist verwendete Verfahren zur sicheren[24] Übertragung von Kreditkartendaten an, welches zur Zeit von der Dresdner Bank pilotiert wird.[25] Das (5) Secure Transaction-Protocol (SET)[26] gewährleistet durch die Benutzung eines asymmetrischen RSA-Algorithmus eine sichere Bezahlung mit Kreditkarte und als vertrauensfördernde Maßnahme die Möglichkeit der Zertifizierung von Geschäftspartnern.[27] Prinzipiell ist es kein eigenständiges elektronisches Zahlungssystem,

---

[21] Vgl. Furche/Wrightson (1997), S. 67

[22] Vgl. Lukas (1997), S. 137-139

[23] Vgl. Lukas (1997), S. 139

[24] Sicherheit impliziert hierbei einen 1024-Bit-Schlüssel und eine 20 Sekunden Zeitschranke, dessen Überwindung durch Hacker nach heutigen Wissensstand unmöglich sind. Vgl. Krause (1998), Teil 7.2.3, S. 2; Stolpmann (1997), S. 67

[25] Vgl. Krause (1998), Teil 7.2.3, S. 1; Furche/Wrightson (1997), S. 68; Lukas (1997), S. 141-142; Kraus (1998), S. 58-59

[26] Hierbei handelt es sich um einen offenen Industriestandard der in den USA ein Quasistandard darstellt und in Deutschland ebenfalls gute Chancen hat sich durchzusetzen. Vgl. Kraus (1998), S. 54

[27] Vgl. Kraus (1998), S. 53-54; Kryptologie richtet sich dabei auf „...die Vertraulichkeit von Informationen, die Integrität von Zahlungen sowie die Authentifikation von Händler und Karteninhaber" Kraus (1998), S. 54

da anstatt Kreditkartendaten ebenso lediglich die Kontoverbindung übertragen werden könnte.[28] Die zunehmende Integration von Wirtschaftsprozessen durch den weitgehend automatisierten Austausch zwischen und die Verarbeitung strukturierter Daten in IT-Systemen wird derzeit ausschließlich vom Datenformat (6) EDIFACT[29] gestützt,[30] welches eine vollständige Integration des Bezahlvorganges in den Kaufprozeß ermöglicht.[31] Das Verfahren (7) Millicent wird umfassend in Abschnitt 2.2.4 dargestellt.

(II) Münz-basierte elektronische Zahlungssysteme hingegen setzen voraus, daß der Kunde vorab genügend elektronische Münzen bei einer Bankeninstanz eingetauscht hat, welche dann in binärer Form auf der Festplatte des Kunden, alternativ auf einer Smartcard oder einem Bankserver gespeichert werden können.[32] Dazu zählen Systeme wie Ecash[33] von DigiCash, CyberCoin von CyberCash und NetCash[34] oder auch Kar-

---

[28]   Vgl. Stolpmann (1997), S. 74

[29]   EDIFACT steht für Electronic Data Interchange for Administation, Commerce and Transport. Vgl. Schwarze (1997), S. 351

[30]   Vgl. Deutsch (1998), S. 236; Schwarze (1997), S. 338 u. 351

[31]   Vgl. Deutsch (1998), S. 239

[32]   Vgl. Stolpmann (1997), S. 53

[33]   Im folgenden werde ich „Ecash" schreiben, wenn es um das Zahlungssystem von DigiCash geht. Bei der digitalen Währung werde ich „ecash" schreiben.

[34]   NetCash der Net Bank gilt als „schwacher" Vertreter digitalen Geldes. Vgl. Kristoferitsch (1998), S. 133; Furche/Wrightson (1997), S. 71-72; Das System NetCash kann nicht definitiv den Münz-basierten Verfahren zugeordnet werden, da die Einlösung des digitalen Geldes nach der Verwendung von der Einlage eines gedeckten Schecks abhängt. Vgl. Kristoferitsch (1998), S. 134

tensysteme wie Mondex, Quick[35] oder CAFE[36].

In den nachfolgendem Abschnitt werden explizit die praxisrelevanten Systeme Ecash, CyberCoin, Millicent und das Kartensystem Mondex vor dem Hintergrund des gegenwärtigen Diversifikationsprozesses und der ganzheitlichen system-immanenten Implementation des digitalen Geldes betrachtet und untersucht.

2 „Cybergeld" als Alternative im Hinblick auf konventionelle elektronische Zahlungssysteme

2.1 Definition und Zielsetzung des „Cybergeldes"

Die Bundesbank versteht unter „Cybergeld"[37] „...im allgemeinen von Banken gegen Vorausbezahlung in Form digitaler Werteinheiten entweder auf dem Chip einer Zahlungskarte (Kartengeld) oder auf der Festplatte eines PC zur möglichen Nutzung im Internet

---

[35] Österreich führte als erstes europäisches Land eine die flächendeckende elektronische Geldbörse Quick ein, die wie die Mondex-Karte auf Kleinsttransaktionen abzielt. Vgl. Kristoferitsch (1998), S. 147

[36] CAFE (Conditional Access for Europe) zielt darauf ab Smartcard-Transaktionen im realen Wirtschaftsleben ebenso wie Zahlungen über unsichere Netzwerke wie beispielsweise das Internet zu realisieren. Vgl. Kristoferitsch (1998), S. 146

[37] Zu dem Begriff Cybergeld gibt es eine Unmenge an Synonymen, bspw.: „Cyber Money" oder „virtuelles Geld" Vgl. Deutsch (1998), S. 46; Kristoferitsch setzt weitgehend „virtuelles Geld" synonym zu „elektronischen Geld", „E-Money", „E-Cash", „Digital Money" und „Digital Cash". Vgl. Kristoferitsch (1998), S. 41 u. S. 11; Für Schwarze können die Begriffe „digitales Geld", „Cyberbucks" und „Cyberdollar" synonym verwendet werden. Vgl. Schwarze (1997), S. 353

(Netzgeld) zur Verfügung...“[38] gestellte Werteinheiten. Digitales Geld schöpft sein Wert nur noch aus der Funktion und nicht mehr aus dem Materialwert,[39] d.h. es ist losgelöst von jedem Trägermedium. Cybergeld wird in digitalen Netzwerken wie dem weltumspannenden Internet als Zahlungsmittel verwendet und ist somit an keine reale Währung gebunden,[40] wodurch es zu einer Entnationalisierung des Geldes kommt.[41]

	Offline-Zahlung	Online-Zahlung
identitätsbezogenes digitales Bargeld	Transaktionen auf Münze speichern	sofortige Prüfung bei der Bank
anonymes digitales Bargeld	Teilidentitäten auf Münze speichern (Secret Sharing)	Blinding und sofortige Prüfung bei der Bank

Abbildung 3: Schutzmaßnahmen gegen Kopieren von Cybergeld, Quelle: In Anlehnung Kristoferitsch (1998), S. 40

3 zeigt anschaulich die wechselseitigen Kombinationsmöglichkeiten des digitalen Geldes.

Die Kausalität für die Zweckmäßigkeit des digitalen Geldes ergibt sich aus Brutschers „...Forderung nach einer möglichst vollständigen Integration des Bezahlungsvorgangs in den Kaufprozeß...“.[42] Hierauf beruht die Idee des Cybergeldes: nachdem Ware im Internet gekauft werden sollte, wofür ein Gegenwert (Cybergeld) übermittelt wird, für den der

---

[38]   Lukas (1997), S. 19; Vgl. Schwarze (1997), S. 353 Diese Definition deckt sich weitgehend mit der Definition von Stolpmann für Münz-basierte Systeme. Vgl. Stolpmann (1997), S. 53

[39]   Vgl. Köhler/Best (1998), S. 40

[40]   Vgl. Borchert (1996), S. 41; Cybergeld ist „...nicht mehr faßbar, sondern nur noch digitale Information“ Köhler/Best (1998), S. 40

[41]   Vgl. Borchert (1996), S. 42

Verkäufer in einem beliebigen anderen Internet Shop wieder Ware kaufen kann.[43]

Generelle Zielsetzung des digitalen Geldes ist es, Eigenschaften und Funktionalität des Bargeldes wie Akzeptanz, Anonymität, Fälschungssicherheit, Haltbarkeit,

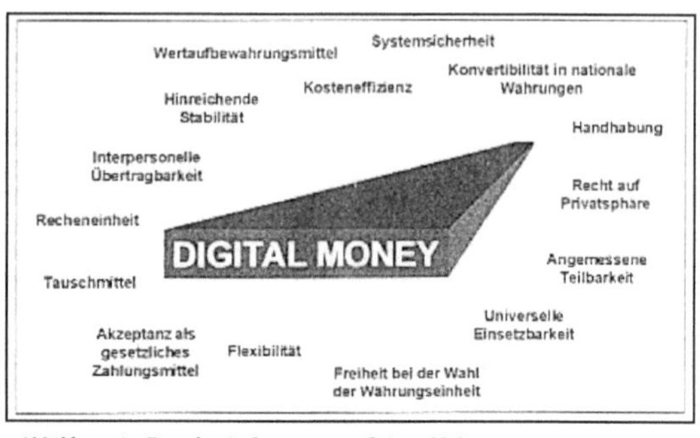

Abbildung 4: Grundanforderungen an Cybergeld-Systeme
Quelle: In Anlehnung an Krause (1998), Teil 7.4.2, S. 4

Portierbarkeit, Recheneinheit, Stabilität, Teilbarkeit, Übertragbarkeit, Universalität und die Funktion als Wertaufbewahrungmittel[44] in der digitalen Welt abzubilden;[45] wobei die bedeutendste Eigenschaft die allgemeine Akzeptanz, von „Cybergeld" noch einige Zeit auf sich warten lassen wird.[46]

Für Zahlungssysteme, die auf digitalen Geld basieren, fixierte Schwarze konstitutiv fol-

---

[42] Brutscher (1998), S. 227

[43] Vgl. Deutsch (1998), S. 46

[44] Vgl. Sietmann (1997), S. 17

[45] Vgl. Krause (1998), Teil 7.4-7.4.1, S. 1; Bargeld hat den ausgezeichnet Vorteil „...auch für kleinste Zahlungen nutzbar zu sein. Es ist außerdem ein anonymes Zahlungsmittel" Krause (1998), Teil 7.4, S. 1

[46] Vgl. Liedke (1998), Teil 6.1.8, S. 2; Köhler/Best (1998), S. 40

gende Anforderungen: (1) Akzeptanz, (2) Anonymität, (3) Kontrollierbarkeit, (4) Fälschungssicherheit, (5) Hardware-Unabhängigkeit, (6) Offline-Fähigkeit, (7) Transaktionssicherheit und (8) Übertragbarkeit. Dabei sind Kontrollierbarkeit und Fälschungssicherheit[47] von besonders hoher Bedeutung.[48] Zusätzlich können noch eine (9) einfache Bedienung und (10) nur geringfügig höhere Kosten postuliert werden.[49]

Der Betrieb eines einfachen und sicher zu handhabenden Systems für „Cybergeld" erfordert hohe Anforderungen an Ausgabe, Prüfung und Einlösung der digi-talen Münzen; jedoch nutzt das digitale Geld einen grundsätzlich differierenden Ansatz und bietet daher inter-essante Alternativen, die im folgenden anhand ausgewählter Systeme näher systematisiert werden.[50]

---

[47] Der inhärente Wert von „Cybergeld", dessen realer Gegenwert stets durch eine dritte Partei gedeckt ist wird in der digitalen Welt nur durch Bits dargestellt und kann somit problemlos kopiert werden. Diesem Sachverhalt sind geeignete Mechanismen entgegenzustellen, die mehrfaches Bezahlen mit dem gleichen Geldstück entweder verhindern oder erkennen. Vgl. Krause (1998), Teil 7.4.1, S. 1

[48] Vgl. Schwarze (1997), S. 353

[49] Vgl. Köhler/Best (1998), S. 41

[50] Vgl. Stolpmann (1997), S. 31

2.2 Paradigm praxisrelevanter bereits implementierter oder pilotierter Internetsysteme im Hinblick auf das „Cybergeld"

2.2.1 CyberCoin-Konzeption als wertbasiertes Zahlungssystem

CyberCoin[51] ist ein Münz-basiertes elektronisches Zahlungssystem von CyberCash[52], welches nahtlos auf die vorhandene CyberCash-Software zur Abwicklung verschlüsselter Kreditkartentransaktionen aufbaut. CyberCash assoziiert somit erstmals ein Account-basiertes elektronisches Zahlungssystem durch Kreditkarten mit einem Münz-basierten Zahlungssystem auf Basis des Cybergeldes;[53] jedoch wird kein „echtes" digitales Geld erzeugt, sondern lediglich Forderungen gegeneinander verrechnet und periodisch auf herkömmlichen Wegen ausgeglichen.[54] Die Firma CyberCash hat schnell erkannt, daß neben ihrem Kreditkarten-basierten Transaktionsdienst ein großer Bedarf für unkomplizierte Abwicklung von Kleinbetragsbezahlungen besteht.[55] Das CyberCoin-System ist für die Bezahlung von digitalisierten Gütern[56] mit einem geringen Preis von $0.25 bis $10 konzipiert worden.[57] Dies geschieht in der Wallet-Software, dem einheitlichen graphischen User-Interface, in der das virtuelle Porte-

---

[51] CyberCash hat in Deutschland eine gemeinsame Lizenz an die Dresdner Bank und die Sächsische Landesbank vergeben, welche zur Zeit das CyberCoin-System in Deutschland aufbauen und Mitte/Ende 1998 umsetzen wollen. Vgl. Brutscher (1998), S. 235; http://www.cybercash.com

[52] Vgl. zum Begriff CyberCash Abschnitt 1

[53] Vgl. Stolpmann (1997), S. 71

[54] Vgl. Brutscher (1998), S. 235

[55] Vgl. Sietmann (1997), S. 112; Der Kunde von CyberCash ist damit in der Lage Micropayments (über CyberCoin) als auch Macropayments (über CyberCash) zu realisieren. Vgl. Stolpmann (1997), S. 71

[56] Solche Güter können beispielsweise Datenbank-Anfragen, Pay-per-View- und Pay-per-Use Anwendungen oder auch Distributionen von Software sein. Vgl. Stolpmann (1997), S. 71

[57] Vgl. Stolpmann (1997), S. 71

monnaie mit einem Geldbetrag gefüllt und Zahlungen initiiert werden können.[58] Das Geld wird dabei nicht tatsächlich in das Wallet, bzw. auf die Festplatte des Kunden, sondern auf ein spezielles Schattenkonto bei seinem Geldinstitut übertragen.[59] Da die realen Werte den Bankserver nicht verlassen, ist es bei einem Hardwarefehler am eigenen Rechner möglich, den Kontostand nach entsprechender Bestätigung zu rekonstruieren. Die Darstellung eines praktischen Zahlungsvorganges soll Abbildung 5 schrittweise verbildlichen.

1.	Produkt wird vom Kunden ausgesucht
2.	Händler schickt Kunden chiffriertes Produkt
3.	Kunde und Händler willigen beide dem Kauf ein und schicken ihre Daten verschlüsselt an das CyberCash Gateway
4.	Gibt es Indifferenzen wird die Transaktion abgelehnt
5.	Sind alle Daten korrekt wird vom Schattenkonto des Kunden die entsprechende Menge an CyberCoins auf das Schattenkonto des Händlers übertragen
6.	Anschließend überträgt der Händler dem Kunden den Schlüssel zum dechiffrieren des Produktes und somit zu Benutzung

Abbildung 5: Darstellung eines Zahlungsvorganges bei CyberCoin
Quelle: Vgl. Kraus (1998), S. 64-65

Die Haltung der Finanzwerte auf dem gesichertem Rechner des Geldinstituts verhindert gleichzeitig den „Diebstahl" der Münzen, bzw. das Auslesen und Kopieren von Festplatteninformationen und erhöht somit die Fälschungs-sicherheit und Kontrol-

---

[58] Vgl. Kraus (1998), S. 64; Stolpmann (1997), S. 71;

[59] Vgl. Kraus (1998), S. 64

lierbarkeit.[60] Die Anonymität ist beim CyberCoin-System nicht generell gewährleistet, da „...Transaktionsdaten gespeichert und entsprechend den gesetzlichen Bestimmungen unter Umständen auch herausgegeben werden müssen".[61] Abschließend kann gesagt werden, daß die Assoziation von „...Kreditkarten-basiertem CyberCash-Verfahren und der elektronischen Geldbörse CyberCoin unter einer einheitlichen Benutzeroberfläche ... ein flexibles, leistungsfähiges Instrument zur Abwicklung von Micro- und Macropayments über das Internet..."[62] darstellt und somit bezüglich Akzeptanz und Kosten ein nicht zu verachtendes Potential aufweist.

2.2.2 Chaums Ecash-Konzeption: Darstellung eines Token-basierten Systems

Ecash[63] von DigiCash stellt ein Einweg-Token-basiertes System[64] mit echtem Transfer von digitalen Münzen dar;[65] CyberCoin hingegen stellt lediglich ein wertbasiertes Zahlungssystem dar.[66] Im offenen Internet wird die Übertragung der Kunden-, Händler- und

---

[60]   Vgl. Stolpmann (1997), S. 72

[61]   Sietmann (1997), S. 122; Vgl. auch Stolpmann (1997), S. 72

[62]   Vgl. Stolpmann (1997), S. 72

[63]   Ecash ist bereits in Kooperation mit der Mark Twain Bank aus St. Louis im Produktivbetrieb seit 1995. In Deutschland wird die Deutsche Bank Ende 1996 mit der Ausgabe elektronischer D-Mark beginnen. Vgl. Furche/Wrightson (1997), S. 64; Brutscher (1998), S. 235; http://www.digicash.com

[64]   Das Token-Verfahren impliziert ein primär auf Ringstrukturen in Netzwerken zugeschnittenes System, d.h. es wird ein logischer Ring konzipiert und die Station an der, das Kennzeicdhen (Token) ist darf ihre Informationen senden. Vgl. Schwarze (1997), S. 130; Stahlknecht/Hasenkamp (1997), S. 156

[65]   Dabei wird „echtes" elektronisches Geld generiert. Vgl. Krause (1998), Teil 7.4.3, S. 1

[66]   Vgl. Furche/Wrightson (1997), S. 64; Stolpmann (1997), S. 72

Bankdaten, während der Nutzung des Ecash-Systems vergleichbar mit dem CyberCoin-System, durch asymmetrische kryptographische Verfahren gesichert.[67] Bei Ecash handelt es sich um ein sehr leistungsfähiges,[68] anonymes[69] Münz- und rein Software-basiertes[70] elektronisches Zahlungssystem, dessen Voraussetzung „blind signatures"[71] bilden.[72] Sie erlauben es, der Bank eine digitale Münze zu „prägen" und zu verifizieren, ohne ihre kundenspezifische Seriennummer zu kennen, indem sie eine eigene Unterschrift einfügen;[73] wodurch nicht nachvollziehbar ist, an wen das Geldstück konkret ausgegeben wurde und die Transaktion somit anonym bleibt.[74] Jede Zahlung erzeugt eine Quittung in chiffrierter Form, die nur der Benutzer entschlüsseln kann und eine getätigte Zahlung somit nachweisen kann.[75] Ecash gewährt nur dem Käufer Anonymität, d.h. digitale Ein-

---

[67] Vgl. Lukas (1997), S. 144; Stolpmann (1997), S. 60; Zu diesem Sicherheitssystem zählen die Verwendung des RSA-Algorithmuses, der Triple-DES und eine 100-stellige Seriennummer ebenso wie der bedeutsame Umstand, daß praktisch alle Vorgänge eine Verbindung von Ecash-Depot und Ecash-Purse erforderlich machen. Vgl. Kristoferitsch (1998), S. 131

[68] Vgl. Stolpmann (1997), S. 59

[69] Anonymität ist ein Merkmal von Bargeld. Vgl. Krause (1998), Teil 7.4.3, S. 1

[70] Als Software dient Cyberwallet, welches nur unzureichend gegen Mißbrauch geschützt ist, d.h. es ist durchaus möglich Cybergeld unberechtigt zu Kopieren und so zu stehlen. Vgl. Stolpmann (1997), S. 60

[71] „blind signatures" wurden von David Chaum entwickelt und stellen eine Methode dar, mit deren Hilfe ein „Cybergeld" Emittent die Gültigkeit eine digitalen Münze garantieren kann, ohne die Identität jener Person kennen zu müssen, die um diese Garantieerklärung aussucht. Vgl. Kristoferitsch (1998), S. 185

[72] Vgl. Stolpmann (1997), S. 54-55

[73] Vgl. Furche/Wrightson (1997), S. 64-65; Krause (1998), Teil 7.4.3, S. 2; Stolpmann (1997), S. 54-55

[74] Vgl. Krause (1998), Teil 7.4.3, S. 2; Furche/Wrightson (1997), S. 65

[75] Vgl. Furche/Wrightson (1997), S. 65; Krause (1998), Teil 7.4.2, S. 6

nahmen des Anbieters eines Online-Shops können der Bank nicht verheimlicht werden, worin Chaum ein wesentliches Argument für Ecash und gegen eventuelle Vorwürfe einer Geldwäsche sieht.[76] Weitergehend wird ein Kunde aufgedeckt, dem mathematisch ein Mißbrauch des Ecash-Systems nachgewiesen werden kann.[77] Stolpmann hingegen spricht sogar von einer „...prinzipiellen Unmöglichkeit, Zahlungen zurückzuverfolgen und der damit garantierten Anonymität des Zahlungsverfahrens".[78] Dem Verkäufer ist

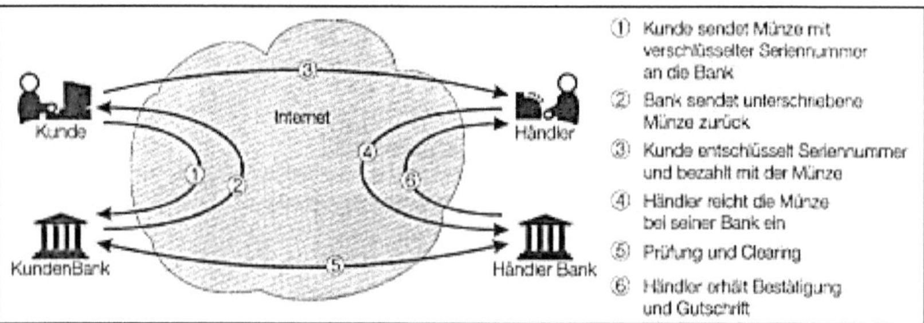

Abbildung 6: Bezahlungsvorgang mit Digi
Quelle: In Anlehnung an Krause (19

zudem eine sehr hohe Sicherheit bezüglich der zu verbuchenden Zahlungseingänge aufgrund der Online-Verifikation gegeben, was hingegen bei traditionellen Zahlungsformen häufig nicht der Fall ist.[79]

Das Ecash-System zeichnet sich durch einen Recovery-Mechanismus aus, welcher es

---

[76]   Vgl. Krause (1998), Teil 7.4.2, S. 6; Kristoferitsch (1998), S. 130-131

[77]   Vgl. Kraus (1998), S. 67

[78]   Stolpmann (1997), S. 59; „DigiCash garantiert als einziges der vorgestellten Zahlungssysteme echte Anonymität." Schuster/Färber/Eberl (1997), S. 61

[79]   Vgl. Stolpmann (1997), S. 59

erlaubt durch einen Hardwaredefekt verlorengegangene digitale Münzen wieder zu ersetzen sowie die Möglichkeit Münzen per Email zu übertragen.[80]

Abbildung 7:
Evaluierung des Ecash-Systems
mit der notwendigen
Quelle: Vgl. Brutscher
(1998), S. 235-236

<table>
<tr><td>

Positiv:
- Anonymität bleibt weitgehend gewahrt
- Geeignet für Kleintransaktionen
- Beteiligung namhafter Adressen (bspw. Deutsche Bank, Mark Twain Bank)
- Recovery-Funktion bei Festplattenzerstörung
- Probleme des Handels im Zusammenhang mit der Einführung des EURO könnten verringert werden.

Negativ:
- Geldeinheit ist nur einmal verwendbar
- Kein internationaler Einsatz, da globale Verifikationsinstanz fehlt
- Hacker hätten die „Lizenz zum Gelddrucken" bei einem Einbruch in eine Verifikationsinstanz
- Inkompatible Signaturverfahren
- Ständige Online-Verbindung notwendig
- Kein mobiler Zugang möglich
- Bank erwirtschaftet Zinsgewinn zu Lasten des Käufers
- Bedenken der Notenbanken bzgl. der Kontrolle des Geldes
- Keine vollständige Integration des Bezahlvorganges in den Kaufprozeß

</td></tr>
</table>

Die Generierung von digitalen ecash kann analog zur Versorgung mit Bargeld am Geldautomaten be trachtet werden, da es

sich genauso einfach mit der notwendigen Software auf die Festplatte des heimischen Rechners transferieren läßt.[81] Grundsätzlich

---

[80]   Vgl. Kristoferitsch (1998), S. 131
[81]   Vgl. Lukas (1997), S. 143

notwendig ist das Kunden oder Verkäufer bei der emittierenden Bank ein ecash Konto unterhalten, um das System nutzen zu können.[82] Die wesentlichen Punkte für die Erzeugung von ecash und dessen Verwendung im Kaufprozeß werden im folgenden pointierend aufgezählt: (1) Generierung von ecash mit Hilfe einer bestimmten Software, Hinzufügung einer bestimmten Seriennummer und Übermittlung der Daten an den eigentlichen ecash-Emittenten. (2) Dieser validiert das elektronische Geld ohne Kenntnis der zufälligen Seriennummer blind mit seiner eigenen Unterschrift, belastet das Girokonto des Käufers und sendet ecash an ihn zurück. Anschließend (3) bezahlt der Käufer den Verkäufer mit dem validierten ecash von seiner Festplatte. (4) Der Verkäufer läßt sich das digitale Geld von seinem Geldinstitut verifizieren, wodurch Doppelausgaben von Cybergeldeinheiten wirkungsvoll vermieden werden. Zuletzt (5) wird der Betrag dem Verkäufer auf seinem Girokonto gutgeschrieben, welcher dann mit der Auftragsabwicklung beginnt.[83] Zum leichteren Verständnis ist dieser Vorgang noch einmal in Abbildung 6 dargestellt. Das Auffinden effektiver Schwachstellen im Ecash-System fällt schwer;[84] jedoch sollen in Abbildung 7 konstitutiv in Anlehnung an Brutscher Vor- und Nachteile des Ecash-Systems von DigiCash aufgezählt werden.

DigiCashs Ecash-System ist aufgrund der neuartigen Token-basierten Technologie und der Hinwendung zu neuen Zahlungsmitteln, wie dem digitalen Geld, innovativer als alle

---

[82] Vgl. Furche/Wrightson (1997), S. 64; Brutscher (1998), S. 235
[83] Vgl. Brutscher (1998), S. 235
[84] Vgl. Kristoferitsch (1998), S. 133

anderen zur Zeit benutzten Zahlungssysteme.[85] Es besitzt vor allem im Micro- und Macropayment-Bereich gute Chancen in naher Zukunft weite Verbreitung zu finden.[86] Chaums Ecash-System kommt regelrecht einer neuen Währung gleich, da emittierende Banken ihren Kassenbestand bei der Ausgabe angleichen und entsprechende Verbindlichkeiten in ecash-Währung eingehen müssen, d.h. der ecash-Emittent muß für die Währung entsprechende Garantien übernehmen.[87] Das ehrgeizige Ziel von DigiCash besteht darin „...ecash als Basis für die Übertragung des konventionellen Bargeldsystems – mit all seinen nationalen Währungen – auf das Internet zu etablieren".[88]

2.2.3 Chipkarte als elektronische Geldbörse am Beispiel der Mondex-Karte

Die Mondex-Karte[89] basiert auf einer kontaktbehafteten Multiprozessor-Chipkarte, welche für den weltweiten Einsatz konzipiert ist, und gilt in Kombination mit einem taschenrechner- oder einem notebookähnlichen Gerät, der Wallet, als universeller Bargeldersatz.[90] Geschäfte können mit allen Mondex-Karteninhabern durchgeführt werden, sogar zwischen zwei Privatpersonen, wobei eine elektronische Unterschrift oder eine

---

[85] Vgl. Furche/Wrightson (1997), S. 66

[86] Vgl. Kristoferitsch (1998), S. 133

[87] Vgl. Krause (1998), Teil 7.4.2, S. 6-7

[88] Furche/Wrightson (1997), S. 66

[89] Sie wurde 1990 von der National Westminster Bank und der Midland Bank gemeinsam mit der British Telecommunications Plc. entwickelt. Vgl. Kraus (1998), S. 71; http://www.mondex.com

[90] Vgl. Furche/Wrightson (1997), S. 65;

Autorisierung entfallen.[91]

Ausgezeichnet wird die Mondex-Karte dadurch, daß kryptologisch verschlüsselte Kommunikationsprotokolle beim Zahlungsvorgang direkt von Chip zu Chip ablaufen, ohne daß im Hintergrund Banken oder Clearingstellen beteiligt sind,[92] welches zugleich auch ihre größte Sicherheitslücke darstellt, da sich das komplette Sicherheitssystem auf der Karte befindet.[93]

Generelle Zielsetzung der Mondex-Karte ist es, sich als Online- und Offline-Zahlungsmittel,[94] für Klein- und Kleinstbeträge zu etablieren,[95] jedoch raten einige Autoren trotz des innovativsten Chipkarten-Verfahrens[96] von der Benutzung der Karte ab.[97]

2.2.4 Millicent: Berücksichtigung adäquater Transaktionsmodalitäten

Millicent, ein von DEC 1995 entwickeltes System für den Micropayment- und Pico-

---

[91] Dabei wird mit Hilfe einer Telekommunikationsverbindung oder einem POS-Terminal eine Transaktion vorgenommen. Vgl. Kraus (1998), S. 71

[92] Vgl. Furche/Wrightson (1997), S. 65

[93] Denn falls es gelingt die kryptographishen Mechanismen der Mondex-Karte zu entschlüsseln sind dem Mißbrauch alle Türen geöffnet und es könnte eine Zeitlang unbeschränkt Geld dupliziert werden. Vgl. Kristoferitsch (1998), S. 145

[94] Vgl. Furche/Wrightson (1997), S. 90-91; Gefördert wird dies durch die Entwicklung von Chipkartenterminals für den Parallelport oder deren Integration in Tastaturen. Vgl. Kraus (1998), S. 69

[95] Dabei kommt die Mondex-Karte dem Bargeld näher als alle anderen System. Vgl. Furche/Wrightson (1997), S. 91

[96] Vgl. Kraus (1998), S. 71

[97] Vgl. Kristoferitsch (1998), S. 145

payment-Bereich[98] im Internet, ist interessanterweise ein Account-basiertes Zahlungsverfahren, bei dem die Accounts nicht auf einem zentralen Bankserver verwaltet werden, sondern jeder Händlerserver selbst die Verwaltung übernimmt.[99] Es ist ein Softwarebasiertes Verfahren, welches auf Kryptoalgorithmen aus Zeit- und Kostenersparnisgründen verzichtet und keine Mindestsummen pro ausgeführter Transaktionen verlangt.[100]

In den folgenden Schritten werde ich sukzessiv die Grundstruktur des Millicent-Bezahlverfahren vorstellen: (1) Eröffnung eines Millicent-Accounts bei einem Händler und Einzahlung eines bestimmten Betrages, woraufhin der Händler dem Kunden ein sogenanntes „scrip", welches den Account identifiziert und den Kontostand sowie das Verfallsdatum enthält zusendet.[101] (2) Kunde übersendet Bestellung und „scrip" an den Händler, welcher (3) das „scrip" lokal verifiziert und dem Kunden anschließend ein neues, aktualisiertes „scrip" und das Pro-

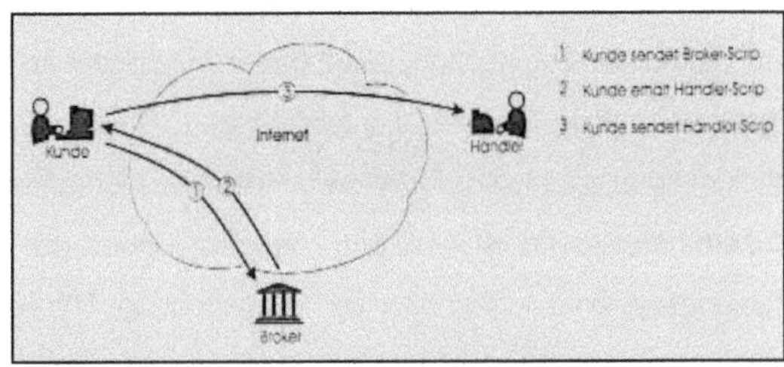

Abbildung 8: Bezahlungsvorgang mit DEC Millicent

Quelle: In Anlehnung an Schuster (1997), S. 72

---

[98] Es könne Beträge von 0.01 DEM bis 10 DEM beglichen werden. Vgl. Schuster/Färber/Eberl (1997), S. 70

[99] Vgl. Stolpmann (1997), S. 78

[100] Vgl. Kraus (1998), S. 68; Stolpmann (1998), S. 78

[101] Vgl. Stolpmann (1997), S. 78

dukt zusendet. Dieses Verfahren ist sehr einfach, aber sehr unpraktisch, weil der Kunde bei jedem Händler, bei dem er einmal etwas kaufen möchte, ein Account einrichten muß.[102] Aufgrund dessen wurden zwischen Händler und Kunden „Broker" geschaltet, die bei mehreren Händlern gleichzeitig Accounts unterhalten, und bei denen der Kunde nun ein Account eröffnet, wofür er ein „broker-spezifisches scrip" er-hält. Bei einem Be-zahl-vorgang wechselt der Kunde das spezifische „Brokerscrip" gegen an-bieterspezifisches „scrip" ein, mit dem er nun bei einem Händler bezahlen kann.[103] Da jedes „scrip" eine spezifische Händler-, bzw. Brokerkennung aufweist geschieht die Veri-fizierung lokal (vgl. Abbildung 8).

Datenschutz und Sicherheit[104] sind bei Millicent dem Hauptziel der Minimierung der Transaktionskosten nachgeordnet, daher ist Millicent kein anonymes System und impli-ziert nur geringe Sicherheitsanforderungen.[105] Es ist nur für Kleinstbetragszahlungen geeignet und zeichnet sich durch eine hohe Skalier- und einfache Bedienbarkeit aus.[106]

Zusammenfassend ist Millicent vermutlich eines der „...effizientesten elektronischen Zahlungssysteme hinsichtlich der entstehenden Transaktionskosten...",[107] jedoch fehlt

---

[102] Vgl. Stolpmann (1997), S. 79

[103] Vgl. Kraus (1998), S. 69

[104] Millicent verwendet als Kryptoalgorithmen die einfach berechenbaren Einweg-Hash-Funktionen, wodurch Tausende von Transaktionen gleichzeitig berechnet und umgesetzt werden können. Vgl. Schus-ter/Färber/Eberl (1997), S. 71

[105] Vgl. Furche/Wrightson (1997), S. 59

[106] Vgl. Schuster/Färber/Eberl (1997), S. 72

[107] Stolpmann (1997), S. 80

diesem Verfahren die notwendige Lobby im Sinne eines großen Geldinstitutes.[108]

3 Evaluierung und Konsequenzen des „Cybergeldes"

3.1 Gesamtwirtschaftliche Evaluierung derivativer Zahlungsmittel

Eminent für gesamtwirtschaftliche Beurteilung ist die Differenzierung des digitalen Geldes nach seiner Grundlage, wobei nach virtuellen Geld und realen Geld sowie deren Emittenten in Form von Geschäfts- und Nichtbanken differenziert wird (vgl. dazu Abbildng 9).[109]

Innovationen in Form neuer Zahlungsmittel wie dem Cybergeld sollen im folgenden anhand ausgewählter Aspekte wie der (1) Zentralbankeinfluß, der (2) Kontrolle des digitalen Geldes, (3) Seignorageeffekten und eventuellen Änderungen der (4) Umlaufgeschwindigkeit näher untersucht werden.

Emittent / Existenz-Grundlage	Geschäftsbank	Nichtbank
reale Währung	• elektronische Geldbörse (ec-Chipkarte) • DigiCash • CyberCash • Mondex-System	• Telefonkarten • elektronische Geldbörse • dänisches Danmont-System
virtuelle Währung	• (Mondex-System)	• Tauschringe (barter clubs) LETS (Local Exchange Trading System) • CyberBucks (digital cash)

Abbildung 9: Grundlage moderner Zahlungsmittelformen
Quelle: In Anlehnung an Borchert (1996), S. 42

(1) Die Aufgabe der Zentralbanken ist es die monetäre Stabilität zu erhalten, allerdings

---

[108] Vgl. Kraus (1998), S. 69; Die Attraktivität eines solchen Systems würde sich sehr im Verbund mit einem anderen Zahlungssystem erhöhen. Vgl. Kristoferitsch (1998), S. 135; Furche/Wrightson (1997), S. 61

[109] Vgl. Borchert (1996), S. 41-42

werden mit der sukzessiven Abnahme der Bargeldnachfrage[110] die Steuerungsmöglichkeiten über die Geldmenge[111] geringer.[112] Falls durch die Einführung neuer Zahlungsformen wie der Mondex-Karte[113] der Bargeldanteil im Geldvolumen gegen null laufen sollte, ist über Einführung neuer Kontrollinstrumente für andere Geldformen nachzudenken.[114] (2) Die vermehrte Herausgabe von Bargeldsubstituten[115] durch „Jedermann" könnte als Angriff auf das Notenausgabemonopol der Zentralbank gewertet werden, d.h. es schmälert ihren Einfluß.[116] Um dem entgegenzuwirken könnte die Zentralbank ihren Einfluß auf die Emission von Cybergeld ausdehnen,[117] wodurch auch die monetäre Stabilität gewahrt werden könnte.[118] (3) Durch die Kontrolle von digitalen Geld könnte die Zentralbank auch eventuelle negative Seignorageffekte durch die Abnahme des kontrollierbaren Bargeldes, kompensieren. (4) Durch elektronische Zahlungsformen wie dem Cybergeld können Transaktions- und Clearingprozesse[119] innerhalb von Sekunden durchge-

---

[110] Auslöser hierfür sind beispielsweise die Umstellung der Bezahlung von Löhnen durch Bargeld auf Überweisung oder die vermehrte Nutzung von Kreditkarten. Vgl. Furche/Wrightson (1997), S. 95

[111] 1990 betrug das Volumen aller Geldformen in Deutschland 4825 Milliarden DEM, wovon lediglich 4% Bargeld waren.

[112] Vgl. Furche/Wrightson (1997), S. 94-95

[113] Vgl. zu den Auswirkungen der Mondex-Karte ausführlich Borchert (1996), S. 42

[114] Vgl. Furche/Wrightson (1997), S. 96

[115] Beispielsweise Cybergeld, Debit-Cards oder auch Kreditkarten.

[116] Vgl. Sietmann (1997), S. 166

[117] Vgl. Furche/Wrightson (1997), S. 97

[118] Vgl. Sietmann (1997), S. 168; Furche/Wrightson (1997), S. 98

[119] Clearing impliziert die Verrechnung von Forderungen gegen Verbindlichkeiten innerhalb einer Gesell-

führt werden, wodurch das Geldvolumen ansteigt. Dies hat bei unzureichender geldpolitischer Kompensation einen Anstieg der Inflation zur Folge.[120]

Borchert sieht somit aus gesamtwirtschaftlicher Sicht einige Punkte als Vorbedingungen für die Zulassung von digitalem Geld: (1) Der Emittent von digitalen Geld muß aus Haftungsgründen erkennbar bleiben. (2) Damit die Einlagesicherung von staatlichen Organen überwacht werden kann, muß der Emittent von Cybergeld ein Geldinstitut sein. (3) Zur Vermeidung von regionalen und funktionalen „offshore-booking" muß Cybergeld in einer Währung und darf nur in dem betreffendem Währungsgebiet verwendet werden und (4) digitales Geld muß unmittelbar nach der Zahlung zurück zu einer Bank gelangen um ein „switch vor der Bank" zu vermeiden.[121]

Aufgrund der dargelegten Aspekte beschäftigen sich Zentralbanken und Regierungen rund um die Welt mit den Auswirkungen der neuen elektronischen Zahlungssysteme auf die Wirtschaft;[122] staatliche Instanzen nicht zuletzt wegen der befürchteten Steuerausfälle und der Angst vor latenter Geldwäsche[123] durch das anonyme Cybergeld.[124]

---

schaft wodurch lediglich ein Saldo resultieren würde. Vgl. Borchert (1996), S. 42

[120] Vgl. Furche/Wrightson (1997), S. 98

[121] Vgl. Borchert (1996), S. 43; Vgl. weiterführend Kristoferitsch (1998), S. 101

[122] Vgl. Furche/Wrightson (1997), S. 4

[123] Ecash gewährt nur dem Käufer Anonymität, d.h. digitale Einnahmen des Anbieters eines Online-Shops können der Bank beispielsweise nicht verheimlicht werden, worin Chaum ein wesentliches Argument für Ecash und gegen eventuelle Vorwürfe einer Geldwäsche sieht. Vgl. Krause (1998), Teil 7.4.2, S. 6; Kristoferitsch (1998), S. 130-131

[124] Vgl. Borchert (1996), S. 42

3.2 Rechtliche, politische und gesellschaftliche Aspekte des digitalen Geldes

Juristisch gesehen ist Ecash der Firma DigiCash unproblematisch, solange Anonymität und Fälschungssicherheit garantiert werden,[125] jedoch ist ungeklärt, wer digitales Geld „drucken" darf, die Wechselkurse fixiert, und Zinsen und Kredite vergeben wird oder wie es mit der Inflation bei Cybergeld-Währungen aussieht.[126] Weltweite Bestellung von Waren- und Dienstleistungen, teilweise sogar direkte Lieferungen über das Internet, erhöhen die Transparenz des Marktes und forcieren politische Lösungen bezüglich Warenzöllen, Einfuhrumsatzsteuer oder subventionierten Produkten.[127] Die fehlende Verbindlichkeit eines Kaufvertrages[128] macht den Kunden, durch das digitale Geld erzwungene Debit-System, im Fall eines Betruges zum Geschädigten, weil er die Ware erst nach Bezahlung geliefert bekommt.[129] Der „Cyberspace" läßt sich in vielen Bereichen einfach nicht mit den traditionellen Gesetzen vereinbaren und polarisiert deshalb die Standpunkte über das Ausmaß staatlichen Einflusses im Internet, welche von totaler Kontrolle

---

[125] Vgl. Schuster/Färber/Eberl (1997), S. 80

[126] Vgl. Stolpmann (1997), S. 137

[127] Vgl. Stolpmann (1997), S. 137

[128] Von der juristischen Seite äußerte Hoeren massive Bedenken: „'Vergessen Sie, was Sie über Online-Dienste gehört haben: Es ist alles verboten.'", „Geschäfte elektronisch tätigen? Wo sind die Rechtsgrundlagen? Digitales Geld? Undenkbar! Recht und Gesetz hinken der Technik weit hinterher."
Liedke (1998), Teil 6.1.8, S. 2

[129] Vgl. Schuster/Färber/Eberl (1997), S. 81; NetCash versucht diesen Umstand durch die Möglichkeit des späteren Auflösens der Anonymität des Verkäufers durch den Kunden zu gewährleisten. Vgl. Schuster/Färber/Eberl. (1997), S. 81

der virtuellen Welt bis hin zu einer digitalen Sphäre ohne jegliche Regulative, wo private Initiativen die Hauptrolle spielen und es weder Einfluß noch Einschränkungen von Seiten der Zentralbanken gibt.[130]

Vor diesem Hintergrund sollten politisch intentionale Rahmenbedingungen festgelegt und gesellschaftlich adäquate „Richtungen" aufgezeigt werden, bevor sich der reißende ökonomische Strom der Gezeiten von selbst den Weg des geringsten Widerstands heraussucht. „Denn auch hier gilt: Wer zu spät kommt, den bestraft das Leben!"[131]

3.3 Situationsadäquanz ausgewählter Systeme

Die erschöpfend dargestellten Systeme Ecash und CyberCoin differieren stark bezüglich der Eigenschaft Anonymität des Geldes, sonst nur punktuell. Millicent stellt ein kostengünstiges Verfahren im Micropayment- und Picopayment-Bereich dar. Charakteristische Funktionen des Bargeldes werden auffallend gut vom Chipkarten-System Mondex abgebildet, welches neben vielen innovativen Merkmalen auch Online- und Offline-Fähigkeit vereinbart. Inwieweit die einzelnen Systeme die Realisierung von Cybergeld

---

[130] Vgl. Kristoferitsch (1998), S. 101; Unter dem Titel „Bill Clintons Freihandelszone im Internet" beschreibt Kristoferitsch einen amerikanischen Vorschlag zur Liberalisierung. Im Juli 1997 veröffentlichte die US-Regierung ihren Vorschlag zur Errichtung einer Freihandelszone binnen eines Jahres durch die World Trade Organisation (WTO). Kernpunkte: Privater Sektor treibende Kraft, keine Besteuerung und Zölle im Internet sowie die Schaffung eines internationalen Handelsrechtes für Online-Transaktionen. Die internationale Reaktion war gedämpft, weil dies hauptsächlich die starke Stellung amerikanischer Hard- und Softwareindustrien verbessern würde. Vgl. Kristoferitsch (1998), S. 111

[131] Stolpmann (1997), S. 137

inhärent implizieren ist umstritten. Als reines „Cybergeld-System" mit „echtem" digitalen Geld wird von allen Autoren lediglich das System Ecash der Firma DigiCash angesehen. Zur Wahrung der Objektivität werden im folgenden anhand einer Tabelle in Abbildung 9 spezifische Eigenschaften einzelner Systeme aufschlüsseln und darstellen.

Name	Ecash	CyberCoin	Millicent	Mondex
Zahlungssystem	Bargeldähnlich	Bargeldähnlich	Bargeldähnlich	Elektronische Geldbörse
Groß- und Kleinbeträge	Möglich	Kombination mit Cy-berCash	Nein	Möglich
Kleinst- und Mikrobeträge	Ja	Ja	Ja	Ja
Einsatz außerhalb des Internets	Nein	Nein	Nein	Ja
Entwicklungsstadium	Sowohl Pilotbetrieb als auch Vollbetrieb	Pilotbetrieb	Nicht bekannt	Pilotbetrieb
Anmeldemodus im Internet	Meistens Online-Offline	Online-Online	Online-Online	-
Währungsbasis	Landeswährung	CyberDollar	Beliebig	Maximal fünf (nicht konvertierbar)
Transaktion von Konsument zu Konsument	Bedingt	Bedingt	Nein	Ja
Anonymität	Sender: „absolut", Empfänger keine	Nein	Nein	Shadow-Balancing
Mehrfachverwendbarkeit	Nein	Nein	Nein	Ja
Verschlüssellungsverfahren	RSA, Triple-DES	1024-Bit-RSA, 56-Bit-DES	Keine	Ja, aber nicht bekannt
Gebühren	Abhängig vom Emittenten	Keine	Abhängig vom Broker	Keine
Vorteile	Blind coins, Kunde prägt sich sein Geld selbst, Recovery-Mechanismus, sehr hohes Anonymitätsniveau, Transfer auch via Email	Das System CyberCoin kombiniert mit dem System CyberCash beinhaltet ein Cybergeld-System und Kreditkarten-basiertes System in einem	Verwendung von „scrips", Broker-System, geringer Rechen- und Kommunikationsaufwand	Mehrfachverwendung ohne Clearing-Stelle, Internet-Anbindung über GSM-Handys, max. Ladelimit (£500,-), PIN-Code optional, Multi-Currency-System, „purse class structure", Transaktion über Telefon, zwei Kryptosystem
Nachteile	Schlüssellänge nicht bekannt, Vielzahl an Münzen unterschiedlicher Nominale	Keine Anonymität, kein „echtes" digitales Geld, Schattenkonten	Geringe Sicherheit, ökonmisch betrachtet nicht sinnvoll	Sicherheitssystem befindet sich fast ausschließlich auf der Smartcard; hohes Mißbrauchspotential, falls Sicherheitsbarrieren überwunden werden

Abbildung 10: Ausgewählte Merkmale zur individual-spezifischen Auswahl

Quelle: In Anlehnung an Kristoferitsch (1998), S. 152-155

4 Fortentwicklung des „Cybergeldes" vor dem Hintergrund aktueller Tendenzen

Das Internet mit seinen weltweit rund 50 Millionen Teilnehmern bietet eine stark wach-sende globale Kundenbasis für neue Zahlungsmittel,[132] wobei mit der zunehmenden Implementierung des digitalen Geldes in Online-Shops neuer Raum für einen beispiellosen Boom geschaffen wird.[133] Diesem steht von staatlicher Seite[134] ledig-lich die Gefahr durch fehlgeleitete Gesetzgebung und Rechtspre-

	Mikrozahlung (kleiner 5.-DM)	Makrozahlung (größer 5.- DM)
Offener Marktplatz	Digitales Bargeld	Kreditkarten-zahlung
Geschlossener Marktplatz	Zahlung über Kundenkonten	

Abbildung 11: Zukünftige Entwicklung der Zahlungsarten
Quelle: In Anlehnung an Schuster/Färber/Eberl (1997), S. 87

chung, welche die Entwicklung behindern könnte, entgegen.[135] Die zukünftige Entwick-lung der Zahlungsarten ist in Abbildung 11 dargestellt. Der Auffassung von Deutsch, daß digitales Geld allenfalls ein Nischendasein führen wird, sind nur wenige Autoren,[136]

---

[132] Vgl. Schuster/Färber/Eberl (1997), S. 83

[133] Köhler/Best (1998), S. 233

[134] Teilweise ist die Sprache von einer Cybersteuer. Vgl. Köhler/Best (1998), S. 234

[135] Vgl. Köhler/Best (1998), S. 234

[136] Vgl. Brutscher (1998), S. 240

allerdings werden die Perspektiven zunehmend kritisch bewertet.[137] Vorherrschend ist die Meinung, daß es zukünftig eine wichtige Rolle spielen wird.[138] Gerade im Bereich der niedrigpreisigen Güter werden dem Cybergeld Vorteile der einfachen Abwicklung be-scheinigt.[139] Abbildung 12 zeigt die voraussichtliche Entwick-lung des digitalen Geldes für 2001. Generelle Eigenschaften von Zahlungsmitteln können die Akzeptanz[140], die schnelle und preis-günstige Abwicklung der Zahlung

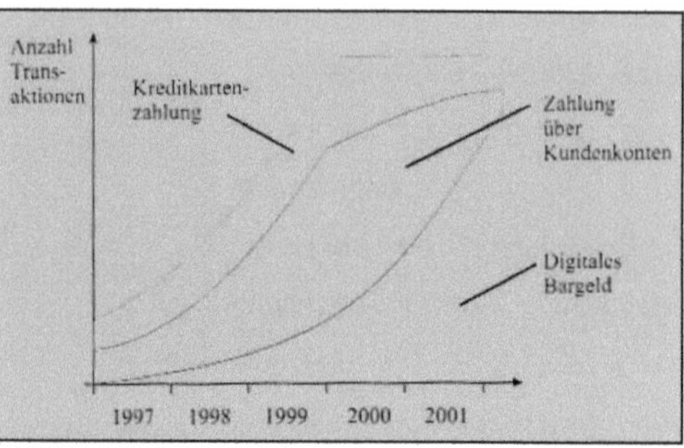

Abbildung 12: Zukünftige Entwicklung für das Jahr 2001
Quelle: In Anlehnung an Schuster/Färber/Eberl (1997), S. 88

und die Anonymität sein,[141] wobei die bedeu-tendste Eigenschaft, die allgemeine Akzeptanz von „Cybergeld" noch einige Zeit auf sich warten lassen wird.[142] Dies kann in der

---

[137] Vgl. Schuster/Färber/Eberl (1997), S. 86

[138] Vgl. Stolpmann (1997), S. 80; Lukas (1997), S. 143

[139] Vgl. Köhler/Best (1998), S. 74

[140] „Im Geldbeutel Kreditkarte, EC-Karte, Smartcard und Telefonkarte, auf dem PC die elektronische Geld-börse von DigiCash und CyberCash, außerdem natürlich – um flexibel zu sein – auch noch genügend Bargeld ... so kann die Zukunft nicht aussehen!" Stolpmann (1997), S. 136

[141] Vgl. Köhler/Best (1998), S. 74

[142] Vgl. Köhler/Best (1998), S. 40; Liedke (1998), Teil 6.1.8, S. 2

fehlenden Unterstützung durch führende Geldinstitute[143] oder in der mangelnden Realisierung der Zielsetzung Bargeld „naturgetreu" mit allen Eigenschaften im Cybergeld abzubilden begründet werden.[144]

Als David Chaum 1994 einen flammenden Appell für die Privatsphäre im Netz hielt, wußten sonst nur wenige, daß der Trend heute klar in diese Richtung geht: „Vertraulichkeit ist eine wichtige Voraussetzung dafür, daß Geschäfte im Netz abgewickelt werden, daß das Internet für interne Kommunikation genutzt wird und weiter wächst."[145] Gewiß kann niemand vorhersagen, ob attraktiv erscheinende Zahlungssysteme wie Ecash oder Millicent sich auch der entsprechender Akzeptanz beim Kunden erfreuen oder bestimmte Transaktionsabläufe in der Praxis einfach zu komplex werden. Mangelnde Transparenz von Sicherheitsmechanismen könnte ebenso akzeptanzhemmend sein, wie das Vorhandensein von Rechtsunsicherheiten[146] außerdem erfordern neue Zahlungsgewohnheiten stets ein Umdenken beim Menschen.[147]

Zukünftig erscheinen vor allem der SET-Standard und Ecash von DigiCash als sehr vielversprechend,[148] wobei das Cybergeld im Bereich der niedrigpreisigen Waren hervorra-

---

[143] Vgl. Krause (1998), Teil 7.5.3, S. 6

[144] Vgl. Schuster/Färber/Eberl (1997), S. 85

[145] Liedke (1998), Teil 6.1.8, S. 3

[146] Dies können z.B. die subsidiaren Bereiche des Währungsumtausches sein, welche einen erheblichen Reglementierungsbedarf aufweisen. Vgl. Schuster/Färber/Eberl (1997), S. 85

[147] Vgl. Kristoferitsch (1998), S. 163

[148] Vgl. Krause (1998), Teil 7.5.3, S. 6

gend eingesetzt werden kann.[149] Langfristig könnte Millicent eine adäquate Lösung für den derzeit nicht nutzbaren, aber großen Markt im Picopayment-Bereich[150] darstellen.[151] Es wäre auch denkbar, daß die sicherheitsrelevanten Aspekte im Internet zukünftig stärker in den Fokus der Betrachtung rücken und einen Trend von reinen Softwarelösungen hin zu hardwarebasierten Konzepten wie Chipkarten weisen.[152]

Zielorientiert sollte es zu einer Assoziation gesellschaftlich notwendiger und ökonomisch sinnvoller Aspekte kommen, welche dem „Cyberspace" genügend Raum für eine freie Entfaltung geben,[153] aber auch gesellschafts-politisch richtungsweisend Wirken.

---

[149] Vgl. Deutsch (1997), S. 46

[150] Darunter fallen Produkte wie aktuelle Zeitungsüberschriften zu 3 Pfennigen oder die letzten Fußballergebnisse zu 20 Pfennigen. Vgl. Schuster/Färber/Eberl (1997), S. 86

[151] Vgl. Schuster/Färber/Eberl (1997), S. 86

[152] Vgl. Schuster/Färber/Eberl (1997), S. 88

[153] Vgl. Köhler/Best (1998), S. 234; Dies impliziert sowohl mehr Mobilität als auch eine höhere Flexibilität. Vgl. Schuster/Färber/Eberl (1997), S. 88

Literaturverzeichnis

Alpar, P. (1996)

Kommerzielle Nutzung des Internet: Unterstützung von Marketing, Produktion, Logistik und Querschnittsfunktionen durch das Internet und kommerzielle Online-Dienste, Berlin 1996

Borchert, M. (1996)

Cyber-Money – eine neue Währung?, Zeitschrift des deutschen Sparkassen- und Giroverbandes, 113. Jg., 1996, Heft 1, S. 41-43

Brutscher, S. (1998)

Zahlungsverkehrsverfahren im Internet. In: Deutsch, M. (Hrsg.) Electronic Commerce: Zwischenbetriebliche Geschäftsprozesse und neue Marktzugänge realisieren, Berlin 1998, S. 227-240

Deutsch, M. (1998)

Electronic Commerce: Zwischenbetriebliche Geschäftsprozesse und neue   Marktzugänge realisieren, Berlin 1998

Furche, A./Wrightson, G. (1997)

Computer money: Zahlungssysteme im Internet, Heidelberg 1997

Garfinkel, S./Spafford, G. (1997)

Web Security & Commerce, Köln 1997

Gerard, P./Wild, R. G. (1995)

Die virtuelle Bank oder „Being Digital". In: Wirtschaftsinformatik, 37. Jg., 1995, Heft 6, S. 529-538

Kloten, N (1997)

Geleitwort. In: Furche, A./Wrightson, G. (Hrsg.), Computer money: Zahlungssysteme im Internet, Heidelberg 1997, S. V-VI

Köhler, T./Best, R. (1998)

Electronic Commerce: Elektronischer Handel in der Praxis, Bonn 1998

Kraus, B. (1998)

Zahlungssysteme. In: Köhler, T./Best, R. (Hrsg.), Electronic Commerce: Elektronischer Handel in der Praxis, Bonn 1998, S. 51-73

Krause, J. (1998)

Zahlungssysteme im Internet. In: Internet Business: Liedke, B. (Hrsg.), Online-Marketing, Electronic Commerce und Intranet, Augsburg 1998, Teil 7

Kristoferitsch, G. (1998)

Digital Money – electronic cash – smart cards: Chancen und Risiken des Zahlungsverkehrs via Internet, Wien 1998

Kröger, D. (1998)

Die Steuerberater- und Wirtschaftsprüferkanzlei im Internet – konzeptionelle Umsetzung. In: Kröger, D./Kellersmann, J. (Hrsg.), Internet – Hand- buch für Steuerberater und Wirtschaftsprüfer, Neuwied 1998

Liedke, B. (1998)

Sicherheit. In: Internet Business: Liedke, B. (Hrsg.), Online-Marketing, Electronic Commerce und Intranet, Augsburg 1998, Teil 6

Lukas, S. (1997)

Cyber Money – Künstliches Geld in Internet und Elektronischen Geldbörsen, Neuwied 1997

Pichler, R. (1998)

Rechtsnatur, Rechtsbeziehungen und zivilrechtliche Haftung beim elektronischen Zahlungsverkehr im Internet, Münster 1998

Resch, J. (1996)

Marktplatz Internet, Unterschleißheim 1996

Schuster, R./Färber, J./Eberl, M. (1997)

Digital Cash: Zahlungssysteme im Internet, Berlin 1997

Schwarze, J. (1997)

Einführung in die Wirtschaftsinformatik, 4. Auflage, Berlin 1997

Sietmann, R. (1997)

Electronic Cash: der Zahlungsverkehr im Internet, Stuttgart 1997

Stahlknecht, P./Hasenkamp, U. (1997)

Einführung in die Wirtschaftsinformatik, 8. Auflage, Berlin 1997

Stolpmann, M. (1997)

Elektronisches Geld im Internet: Grundlagen, Konzepte, Perspektiven, Köln 1997

BEI GRIN MACHT SICH IHR WISSEN BEZAHLT

- Wir veröffentlichen Ihre Hausarbeit, Bachelor- und Masterarbeit

- Ihr eigenes eBook und Buch - weltweit in allen wichtigen Shops

- Verdienen Sie an jedem Verkauf

Jetzt bei www.GRIN.com hochladen und kostenlos publizieren